वार सत्रह बार

(काव्य)

वार सत्रह बार

कुनाल हृदय

हिन्द युग्म
hindyugm.com
BLUE

ISBN : 978-93-92820-63-2

प्रकाशक:
हिंद युग्म ब्लू
सी-31, सेक्टर-20, नोएडा (उ.प्र.)-201301
फ़ोन- +91-120-4374046

मुद्रक : मनीपाल टेक्नोलॉजीज लिमिटेड
आवरण-चित्र : कुनाल हृदय
कला-निर्देशन : विजेन्द्र एस विज

पहला संस्करण : 2023
मूल्य : ₹199

Waar Satrah Baar
A long poem by *Kunal Hriday*

Published By
Hind Yugm Blue
C-31, Sector-20, Noida (UP)-201301
Phone- +91-120-4374046
Email : sampadak@hindyugm.com
Website : www.hindyugm.com

First Edition : 2023
Price : ₹199

मेरे स्वर्गीय दादा

सत्य नारायण 'सरोज' को समर्पित!

मेरे स्वर्गीय दादा कविताएँ लिखते थे। उनकी रचनाएँ उस समय पत्र-पत्रिकाओं में निरंतर छपती थीं। लेकिन वो कविताएँ कभी पुस्तक का रूप नहीं ले पाईं। इसीलिए मैं चाहता हूँ कि दादा को समर्पित करते हुए अपनी किताब की शुरुआत उन्हीं की एक कविता से करूँ।

पुष्प झरे

नव बसंत मंजरित सुमन दल
पुष्प पराग झरे!

बन-बन विकसित
तन-तन सुरभित
लहर-लहर पर जीवन सुंदर
मृदुलित मंद बयार, मिलन-पल
भ्रमरित कुंज भरे!

अली दल शोभित
नलिन विमोहित
पिक स्वर गुंजन, प्रिय मन रंजन
मुकुलित युग्म लहर पर चंचल
मुग्ध विहार करे!

यमुना तट पर
वंशी तट पर
केलि विलोचन, ऋतुपति मोचन
राधा-कान्ह सुशोभित प्रमुदित
अधराधर वेणु धरे!

–श्री सत्य नारायण 'सरोज'

आभार

कृतज्ञ हूँ, निर्देशक अलक्षेंद्र प्रभाकर का, जिसने इस काव्य को नाटक का रूप दिया। आभार अभिनेता परितोष त्रिपाठी का, जिन्होंने जहाँ भी हो सका नाटक के प्रचार व प्रशंसा में चूक नहीं की। आभार अभिनेता मित्र कुंदन कुमार का, जिसे मैंने सुबह के पाँच-पाँच बजे भी उठाया और इस काव्य के नए बने हिस्सों का उस पर प्रयोग किया, और उसे मेरा यह उत्साह झेलना पड़ा।

ख़ास आभार गीतकार डॉ. उदय सिंह भानु का, सदैव मेरा मनोबल बढ़ाने के लिए और इस काव्य की समीक्षा करने के लिए। ख़ास आभार लेखक मित्र दिव्य प्रकाश दुबे और गुरु व गीतकार देवमणि पांडेय का, अपनी प्रतिक्रिया देने के लिए।

आभार साहित्य प्रेमी व मंच संचालक केशव राय का, इस काव्य नाटक को मंचन के नए अवसर प्रदान करने के लिए।

आभार निर्देशक अतुल सत्य कौशिक, गीतकार व शायर अफ़सर अमरोह्वी, अभिनेता विशाल भारद्वाज, अभिनेत्री गीतांजलि मिश्र, अभिनेता अंशुमन मिश्र, अभिनेत्री अनूषा मिश्र, अभिनेत्री निकिता शर्मा, अभिनेत्री सत्यम्वदा सिंह, अभिनेता मनोज राठी, गायक बृजेश शांडिल्य, अभिनेत्री तूलिका उपाध्याय, वरिष्ठ पत्रकार अभिलाष

अवस्थी, अभिनेता देव फ़ौजदार, वरिष्ठ पत्रकार शत्रुघ्न सिंह, अभिनेता बृजेश नारायण, मित्र अष्टम नीलकंठ, अभिनेता विवेक सिंह का, इस काव्य नाटक की यात्रा में बतौर मित्र मेरा साथ निभाने के लिए और इसकी प्रशंसा में कभी चूक न करने के लिए।

इसके अलावा मेरी मित्र अभिनेत्री निकिता डोबरियाल, अभिनेता नाहिद अली शाह, मित्र राकेश कुमार, मित्र रवि भदौरिया, मित्र तुषार वशिष्ठ और शिवम सिंह का विशेष आभार जिन्होंने इस काव्य व नाटक से जुड़ी गतिविधियों में समय-समय पर मेरा साथ दिया।

अंत में मेरे माता-पिता और गुरुओं के प्रति आभार!

आमुख

हार और जीत कुछ नहीं सिर्फ़ मन की दो दशाएँ हैं। ये कोई नई बात नहीं, कभी-न-कभी स्कूल में या किसी गुरु समान व्यक्ति के मुँह से हम सबने सुनी ही होगी। फिर क्यों आदमी निराश होता है? असफल महसूस करता है? अगर हम जानते हैं कि वो महज़ मन की दशा है तो फिर उसे सहज बदला क्यों नहीं जा सकता? और अगर ऐसा कोई फ़ॉर्मूला है तो क्या जीवन के सभी दाँव जीतकर एक साधारण व्यक्ति भी राजा बन सकता है? बन सकता है, तो राजा कौन है?

सारी दुनिया की दौलत और ताक़त पाने के बाद भी अगर आदमी मन से जीता न महसूस करे तो क्या राजा कहाया जाएगा?

वेदों में एक कथा आती है। एक बार राजा जनक एक सपना देख रहे थे जिसमें वो चोर के रूप में थे और भीड़ से बचकर भागे चले जा रहे थे। घबराहट के मारे उनकी आँख खुली तो उन्होंने देखा कि वो तो अपने शयन कक्ष में सो रहे हैं और दासियाँ हवा कर रही हैं। सपने से परेशान होकर उन्होंने विद्वान अष्टावक्र से पूछा कि असली जनक कौन है– जो चोर सपने में जान बचाकर भाग रहा था या ये जो तुम्हारे सामने खड़ा है? अष्टावक्र ने उत्तर दिया कि असली जनक इनमें से कोई भी नहीं। एक ही पल में जनक को एहसास हुआ कि वो राजा हैं ही नहीं

क्योंकि राजा की जिस परिभाषा से वो परिचित हैं वो तो एक मिथ्या है। और जनक सत्य की खोज में संन्यास को निकल गए।

हम सब राजा बनना चाहते हैं। राजा जनक की तरह कुछ पहले से राजा हैं, कुछ बनने की प्रक्रिया में हैं और कुछ बनने की कल्पना करते हैं। लेकिन राजा कौन है, यह तो एक विद्वान राजा को भी पता नहीं था। जिस ध्येय प्राप्ति के लिए पथिक दिन-रात चल रहा है उसे पता तो हो कि वो ध्येय क्या है या उसे पता करने की विधि क्या है, इस विधि में क्या-क्या संस्कार हैं!

इस काव्य का चिंतन करते हुए मैंने उन मनोदशाओं और संस्कारों का अध्ययन करके आदम के संघर्ष की एक समन्वयी कहानी ढूँढने का प्रयास किया है। असली राजा तो पता नहीं, लेकिन हाँ, ये काव्य आपको मन से राजा ज़रूर महसूस कराएगा, और अगर ऐसा हुआ तो मैं समझूँगा कि उस ध्येय समझने की विधि की खोज में मैं सफल हुआ हूँ।

फिर इस बात से फ़र्क़ नहीं पड़ता कि आपका निजी संघर्ष क्या है। यक़ीन मानिए दुनिया के हर व्यक्ति का संघर्ष एक ही है, और यही इस छायावादी कविता का निचोड़ है। ये कहानी किसी एक राजा की नहीं है, ये हर उस राजा की कहानी है जो हमारे अंदर छिपा बैठा है और आप और हम उसे बेसब्री से ढूँढ रहे हैं।

कभी दफ़्तर में अच्छा परफ़ॉर्म करके, कभी महबूब का दिल ख़ुश करके, कभी आलस छोड़कर अपने स्वास्थ्य के लिए मेहनत करके, कभी घर-गाड़ी ख़रीदने का साधन जुटाकर, कभी मन की शांति के लिए किसी की भलाई करके या कभी सही-ग़लत का चिंतन करके– हम बार-बार अपने भीतर के विजेता को ढूँढ रहे हैं। संसार के सभी जीवों का उत्तरजीविता का संघर्ष भी यही संघर्ष है।

यानी ये जीतने की इच्छा कुछ उन विचारों में से एक विचार है जो सृष्टि की उत्पत्ति व फलने-फूलने का कारक है। जीतना जीव की

प्रकृति है। जो जीते हैं वही टिक पाए हैं। उत्तरजीविता का संघर्ष छोटे-से-छोटा एक कोशिकीय जीव भी कर रहा है और मनुष्य भी, यही सृष्टि का क्रम है। और अगर क्रम है तो ये क्या क्रम है ? इसी का उत्तर ढूँढने का प्रयास है 'वार सत्रह बार'।

‘वार सत्रह बार’ कविता-संग्रह का प्रथम मंचन 21 दिसंबर 2019 को वर्सोवा (मुंबई) के वेदा फ़ैक्ट्री हॉल में हुआ था। इस मंचन को देखने के लिए मुंबई महानगर के कला और साहित्य की दुनिया से चुनिंदा लोग मौजूद थे। अपनी बेहतरीन प्रस्तुति से कुनाल हृदय ने हम सबको स्तब्ध कर दिया था। सबने यह महसूस किया कि हृदय एक धारदार कवि होने के साथ ही प्रतिभाशाली अभिनेता भी हैं।

दिल्ली में भी इस काव्य नाटक को भरपूर सराहना मिली। इस रचनात्मकता के पीछे गहरा अध्ययन दिखाई देता है। यह काव्य-नाटक कुल सत्रह कविताओं का गुलदस्ता है। इसमें दिखाया गया राजा का संघर्ष आधुनिक दौर के व्यक्ति के अंतर्द्वंद्व को उजागर करता है और जीवन की चुनौतियों का सामना करने की प्रेरणा देता है।

शुरू से आख़िर तक इस काव्य-नाटक में ऐसी गति और ऐसे उतार-चढ़ाव हैं कि दर्शक व पाठक एक सम्मोहन में बँधे रह जाते हैं। मुझे इस बात की ख़ुशी है कि अब यह काव्य-नाटक एक पुस्तक के रूप में प्रकाशित हो रहा है। आशा है कि यह किताब काव्य-प्रेमियों और नाट्य-रसिकों, दोनों को पसंद आएगी। इस रचनात्मक उपलब्धि के लिए कुनाल हृदय को हार्दिक बधाई और शुभकामनाएँ!

– ***देवमणि पांडेय (25 जनवरी, 2023)***

कविताओं में कहानियाँ बुनते हुए कुनाल हृदय हमें उस दुनिया में ले जाते हैं जहाँ हम अपने भीतर के राजा को टटोलकर, मनाकर, धूल झाड़कर फिर से खड़े हो जाते हैं इस मैदान-ए-जंग में जिसका नाम है ज़िंदगी। इस किताब को पढ़ते हुए आप बहुत कुछ सीखकर लौटते हैं।

शुभकामनाएँ!

–दिव्य प्रकाश दुबे (15 फ़रवरी, 2023)

क्रम

वार सत्रह बार

आपके ज़ेहन पर वार सत्रह बार

बात है राजाओं की, राजाओं के संघर्ष की, राजाओं की ज़िद की। आपने अपने बचपन में राजा की कहानी तो सुनी ही होगी। सबसे छोटी वाली याद है ? एक था राजा, एक थी रानी, दोनों मर गए ख़त्म कहानी। मगर अफ़सोस कि राजा की कहानी इतनी छोटी होती ही नहीं, और यह बात हम बचपन में भी जानते थे।

हम हर रात यह चाहते थे कि घर का कोई बड़ा हमें राजा की वह असली कहानी सुना ही दे जिसको सुनाने का वो हमेशा वादा करते हैं। ऐसा नहीं है कि उस वादे को निभाने की कोशिश नहीं की जाती थी। बल्कि उनकी राजा की कहानी सुनकर हम सो भी जाते थे। लेकिन ज़ेहन में यह बात भी हमेशा अटकी रहती थी कि यह राजा की वह कहानी नहीं है जिसे हम सुनना चाहते हैं। इस क़िस्सागोई में वह सच नहीं जो हमारे होने का मक़सद बा-मानी करे और हम चैन की नींद सो पाएँ।

यूँ ही उन मनगढ़ंत कहानियों को सुनते-सुनते साल-दर-साल बीतते चले गए और उस एक दास्तान-ए-बसीरत को सुनने की हमारी तिश्नगी कभी पूरी ही नहीं हो पाई। एक समय के बाद हमें यह यक़ीन हो गया कि उन्हें राजा की कहानी आती ही नहीं है। वो कहानियाँ तो हमें सुलाने का महज़ एक मासूम षड्यंत्र था और हम उनकी बातों में आते रहे। जब हमें पता चला कि वो हमें बुद्धू बना रहे हैं, तो हम उनसे कटना शुरू हो गए और निकल पड़े उस सही क़िस्से की तलाश में घर से दूर।

न जाने कब बचपन में।

अब राजा की कहानी तो पता होनी-करनी ज़रूरी थी, वरना नींद कैसे आती!

ख़ैर, सीधे मुद्दे पर आते हैं। अगर आप देखेंगे तो हर बड़े राजा की कहानी में एक मिलता-जुलता-सा क्रम नज़र आएगा। अंक सत्रह और वार को आपस में जोड़ती ये बातें ग़ौर करने वाली हैं:–

● मोहम्मद गोरी ने पृथ्वीराज चौहान पर कुल सत्रह बार आक्रमण किया था।

● भगवान श्रीकृष्ण और असुर जरासंध की कुल सत्रह लड़ाइयाँ हुईं।

● भगवान बुद्ध ने निर्वाण प्राप्ति से पहले काल्पनिक असुर मारा को युद्ध में सत्रह बार हराया।

● महाभारत का युद्ध मूलतः सत्रह दिन तक चला।

● महमूद ग़ज़नवी ने हिंदुस्तान पर सत्रह बार लूट के लिए आक्रमण किया।

● इस्लाम सूरी को हराने से पहले हुमायूँ ने लगभग सत्रह साल जंगलों की ख़ाक छानी।

● अकबर से संघर्ष के बाद महाराणा प्रताप की गुरिल्ला रणनीति की मुहिम लगभग सत्रह साल तक चली जिसके बाद उनकी मृत्यु हो गई।

● स्कॉटलैंड के महान राजा मैकबेथ का कार्यकाल कुल सत्रह वर्ष का था।

● अखनेतान, मिस्र के महान राजा का कार्यकाल सत्रह वर्ष का था।

● शतरंज के खेल में अगर राजा अकेला रह जाता है तो उसे बच

निकलने के लिए सोलह सुरक्षित चालें चलनी होती हैं। सत्रहवें में मात।

• लँगोट, भभूत, चंदन, पैरों में लोहे या फिर चाँदी का कड़ा, अँगूठी, पंचकेश, कमर में फूलों की माला, माथे पर रोली का लेप, कुंडल, हाथों में चिमटा, डमरू या कमंडल, गुँथी हुई जटाएँ और तिलक, काजल, हाथों में कड़ा, बदन में विभूति का लेप और बाँहों पर रुद्राक्ष की माला, नागा साधुओं के कुल सत्रह शृंगार बताए गए हैं।

• चीनी यात्री ह्वेनसांग राजा हर्षवर्धन के काल में कुल सत्रह वर्षों तक भारत में रहा।

• फ्रांस और ब्रिटेन के बीच लगभग 100 साल तक युद्ध चला जो 17 जुलाई 1953 को कस्तिलान की जंग से ख़त्म हुआ।

• पंडित जवाहरलाल नेहरू कुल सत्रह साल तक भारत के प्रधानमंत्री रहे।

• मार्क्सवादियों ने पूर्वी अफ्रीकी देशों पर सत्रह साल तक हुकूमत की, जिसके बाद वहाँ जनतंत्र स्थापित हुआ।

• हैरतन! सुपर स्टार अमिताभ बच्चन ने ज़ंजीर फ़िल्म में अपने पहले हिट प्रदर्शन से पहले लगातार सत्रह फ़्लॉप प्रदर्शन किए।

'वार सत्रह बार' इसी क्रम का नाम है। सत्रह कविताएँ, सत्रह वार, जो मैं आपके ज़ेहन पर करूँगा। कविताएँ जो मिलकर एक कहानी का रूप लेती हैं। किसी एक राजा की कहानी नहीं। बस, एक राजा की कहानी।

आपने देखा है उसे?

1. एक राजा है

1.

एक राजा है
वो राजा था

वो राजा रहेगा, मानने न मानने की बात है
न ठहरेगी उम्र भर एक रोज़ अमावस की रात है
बात है मुक़द्दर की, खुला कहीं, कहीं ज़ब्त है
मुफ़्लिसी[1] नसीब या शोहरत, अपना-अपना वक़्त है
माना वो भटकता है जंगलों में बिखरा हुआ-सा कहीं
या कौन जाने, क्या पता, ज़िंदा भी है या नहीं!
मगर...
क़िले की दीवार पर उसके तीर का निशाँ ताज़ा है
औ जानने वालों को उसके हौसलों का तक़ाज़ा है

वो कहते हैं–
वो मरा नहीं है
वो अब भी ज़िंदा है
वो अब भी राजा है
एक राजा है

---

1. मुफ़लिसी– ग़रीबी

2.

फिर बात उछली एक दिन अश्क्रिया[2] दरबार में
समझा था जिसको मर गया देखा गया बाज़ार में

'बार सोलह' हारकर भी अभी ज़िंदा था वो
आँख से ओझल हुआ, प्रेत था, परिंदा था वो
था नहीं निगाह में समझा था यूँ कि मर गया
चीर खाया गीदड़ों ने शेर कोई चर गया
डस गया कोई भुजंग[3] भर उसे आग़ोश[4] में
वो सर्द रातों के थपेड़े सह न पाया ठर गया

हैरतन! ज़िंदा था वो समझा था जिसको मर गया!

भूल भी जाती है दुनिया सूर्य के भी तेज को
जो धर दबोचे पर्वतों को लावा सम वेग को
कैसे वो भूली काल को, उस बेदरद चांडाल को
वो शेर के जबड़े जकड़कर चीर देता खाल को
तीन पग का सख़्त सीना उसपे लोहे का कवच
एक मण[5] की ढाल, ढोए सौ किलो के भाल को

ज़िंदा था वो
ज़िंदा था वो बैठा था छिपकर बाँछें अपनी तानकर
इतनी आसानी से हैं मरते नहीं कुछ जानवर

---

2. अश्किया– दयाहीन (दुश्मन)
3. भुजंग– साँप
4. आग़ोश– बाँहों का घेरा
5. मण– वज़न का एक माप, 1 मण = 40 किलो

और दिल में उसके क्या छिपा है एक गहरा राज़ है
क्यों परिंदों को शहर के ताड़ता वो बाज़ है
आँखें गड़ाए ताक में दुश्मन की वो फ़िराक़ में

चुपचाप बैठा है, दिलचस्प उसका इरादा है
वो कहना चाहता है कि वो मरा नहीं है
वो अब भी ज़िंदा है, वो अब भी राजा है

एक राजा है

3.

एक अनोखा रंज था
ये खेल था शतरंज का
राजा की सोलह चाल थी
दुश्मन का पहरा तंग था

क्या-क्या न खोया चाल में
रंजिश के सोलह काल में
दौलत लुटी शोहरत लुटी
फँसता गया-सा जाल में

याद पहला वार जब कुछ खोया पहली बार था
बस नहीं वज़ीर था वो उसका जिगरी यार था
तीसरी तकरार तक लश्कर[6] भी था कुछ घट गया
औ आठवीं बाज़ी में उसका हाथ सोला[7] कट गया

6. लश्कर– सेना
7. हाथ सोला– सीधा हाथ

ग्यारहवीं कोशिश भी जाने क्या अमावस रात थी
आ गया तूफ़ाँ लगा जब जीत उसके हाथ थी
चौदहवीं बारी में था लूटा ख़ज़ाना घट गया
था कोई ग़द्दार जो सब साफ़ करके कट गया
सोलहवीं बाज़ी में उसकी आख़िरी उम्मीद टूटी-
तीन बेटों की थी उसने हाथ से ख़ुद लाश फूँकी

बेटे गए, साथी गए, शागिर्द औ फिर रानियाँ
कट के उछले धड़ कहीं, कट के गिरीं पेशानियाँ[8]

एक राजा था, एक राजा था
लो सुनो राजा की कहानियाँ
रंजिशों में साल बीते, लुट गईं जवानियाँ

था बहुत टूटा हुआ तक़दीर उसकी सौत थी
हार क्या थी हाय जैसे आई सोलह मौत थी
जी रहा हूँ किसलिए पूछता सवाल था
धुल चुके थे रंग सारे दिख रहा सब लाल था
चाहता तो आसरा भी मिल उसे जाता कहीं
कोई बिछड़ा यार कोई जंग का साथी कहीं
दूर कुछ डाले बसेरा जी ही लेता किस तरह
राजा रहा था वो वहाँ सब जानते थे इस तरह

पर खेल था उसका भी बाक़ी खेल के थे कुछ उसूल
ज़िंदगी ख़ैरात[9] की से था उसे मरना क़ुबूल

---

8. पेशानी– माथा
9. ख़ैरात– भीख

कौन जाने ज़िद थी वो किस काम की! या थी फ़िज़ूल
शेर था ज़ख़्मी लपेटे जिस्म पर जंगल की धूल

ख़ौफ़ था दुश्मन को किसका! सब नशे में चूर थे
नाम के उसके लतीफ़े मुल्क में मशहूर थे
नामर्द, बुज़दिल, सरफिरा क्या-क्या नहीं उसको कहा
क्या ज़लालत न हुई क्या-क्या नहीं उसने सहा
'दिखती नहीं है मौत इसको आँख में क्या गीढ़ है!'
एक ने कहा, 'ओ देख क्या तेरे बदन में रीढ़ है!'

पर कुछ तो था उन मुस्तक़िल[10] हौसलों का राज़
पर छिल जाते! पर बाज़ न आता वो बाज़

हाँ! वो हारता था, मगर हर हार एक राह बना देती थी
न कुछ और सही तो दुश्मन को लापरवाह बना देती थी
कई बार तो हुआ यूँ कि दुश्मन ने उसे बख़्शा जान कमज़ोर

नाक़ाबिलियत नहीं!
दुश्मन की बेफ़िक्री उसे हर बार पनाह देती थी

मगर भूल की जाने दिया, वो खेल में अभी कच्चे थे
जंगलों की आड़ में फिर साज़िशों के साँचे पकते थे
वो मसरूफ़ थे समझ ज़िंदगी को खेल शतरंज कोई

---

10. मुस्तक़िल– जड़ित / जिसे हिलाना कठिन हो

वो भूल गए!
ये बाज़ी-ए-ताश है, यहाँ बादशाहों से बली[11] इक्के थे

नदी पार हुई है हलचल, बजा जंग का बाजा है

फिर वही सिरफिरा है शायद
वो कहना चाहता है कि वो मरा नहीं है
वो अब भी ज़िंदा है वो अब भी राजा है

एक राजा है

---

11. बली– बलवान

2. यलग़ार

फिर आ गई वो रात जिसका था मुसलसल इंतज़ार
गूँज उट्ठी वादियों में एक राजा की पुकार
घिर-घिर घटा घाटी पे छाई मेघ ने चिंघाड़ की
वो रात थी तूफ़ाँ समेटे साथ लाई बाढ़ थी

बिजली थी पल भर में कड़ककर चूर-चट्टाँ[12] कर रही
छट-छट के गिरती बूँद धरती का कलेजा छन रही
औ बूँद ने ढाए मज़ालिम[13], ले गिरे मोटी क़तर[14]
के बूँद न हो, बाण जैसे, था कोई नभ से छितर
पड़ रही चेहरे पे उसके बुत अड़ा यूँ बेअसर
अड़ खड़ी जैसे ज़मीं चिर रहने को बंजर
बर्क़[15] थी या चीख़ एक निकली गगन के गर्त से
और बादलों में दिख रहे चेहरे जो खोए शर्त में

हाँ शर्त ही तो थी लगी, दाँवों पे दाँव लग गए थे
क़र्ज़ भरने के लिए, क़र्ज़ों पे क़र्ज़े चढ़ गए थे!
था बचा क्या दाँव में जिसको अभी बाक़ी था लगना
'बार सोलह' लुट गया, बदक़िस्मती उसको क्या ठगना!

---

12. चट्टाँ– चट्टान शब्द का अपवाद
13. मज़ालिम– यातनाएँ, अत्याचार
14. क़तर उर्दू शब्द क़त्र का अपवाद है जीसका अर्थ है व्यास (Diameter)
15. बर्क़– आसमान में कड़की बिजली

डिग चुका जब संतुलन फिर क्या तराज़ू तोलना
साँप से काटा बहुत उसमें ज़हर क्यों घोलना
श्वास पर जब तक नली में, रक्त बहता है नसी में
बादशाही जिसकी फ़ितरत उसने है कुछ बोलना !

औ शेर से ज़्यादा भयावह गरजा उसका अट्टहास
जैसे उड़ाता हो ज़मीं से देवताओं का मज़ाक़

'लो आ गया ज़िंदा सलामत स्वर्ग अपना माँगने'
'थी जंग इंसाँ से मगर है इंद्र जैसे सामने'
'हूँ खड़ा तैयार एक मरने को बारी आख़िरी मैं'
'खेल खेलूँगा मैं पूरा ख़ौफ़ क्या अंजाम से'

'खेल ही है ये जुए का जिसके हैं अपने तरीक़े'
'जीतने वाले की जय फिर छद्म-छल-बल से या धी से'
'अब नहीं है फ़र्क़ पड़ता क्या सही और क्या ग़लत है'
'मारना दुश्मन को पड़ जाए भले ही पीठ पीछे'

'देख लो जो देखना है मुझसे अब करतब कराकर'
'क्या नरक औ स्वर्ग क्या जब देख डाला सब धरा पर'
'और समर में जानना क्या- "क्या सही औ क्या ग़लत"-
इसमें तो ख़ुद भगवान तक जीते मुकुट छल से हराकर'

ख़ून सर ऊपर चढ़ा है, ज़िद पकड़कर वो खड़ा है
ले हटा इसको तू दमभर, पाँव अंगद का गड़ा है

अब तलक चुपचाप था वो ज़ब्त कर सारी अज़ारी
कुछ समय था हो चुका बाज़ी थी उसने पिछली हारी

क्या बताता वो इरादे, क्या बताता बात सारी
जंग से पहले नुमाइश करते हैं कच्चे खिलाड़ी

पर बखत वो आ चुका बाक़ी घड़ी दो-चार है
मुंतज़िर[16] अंजाम का,
एक राजा है, एक राजा है
एक राजा का पिंदार[17] है

ये बाघ की दहाड़ है, त्रिशूल का प्रहार है
अब की बारी यूँ भिड़े कि आर है या पार है
प्रतिशोध की ज्वाला सघन, ये शत-हवन की राख है
जो बाढ़ से भी न बुझे वो जंगलों की आग है
ये गूँज है पुकार है फिर हो रही यलगार[18] है
दिल थाम के बैठो ज़रा ये वार सत्रह बार है

---

16. मुंतज़िर– इंतज़ार करने वाला
17. पिंदार– अभिमान
18. यलग़ार– आक्रमण, हमला

3. एक सौ ग्यारह

हाथ भर साथी बचे थे
जिस्म ज़ख़्मों से ढके थे
एक सौ ग्यारह थे कुल वे
पर न मानो वो थके थे

हार सोलह बार थी
सब कोशिशें बेकार थीं
या वार सोलह बार करने
का तजुर्बा कर चुके थे

जो भी हो पर वो टिके थे
मुश्किलों से जूझते थे
हाँ नहीं बढ़ पाए आगे
ना ही पर पीछे डिगे थे

ख़ामख़ा होता कभी
कि बंध चारों ओर है
डोलती हैं कश्तियाँ
दिखता न कोई छोर है

तब सब्र ही हथियार एक
बचता है रंज-ओ-जंग में
मत बढ़ो, टिके रहो
टिकने में क्या ही ज़ोर है

ये विधाता के तरीक़े
क़ुदरती सबने थे सीखे
चीरते चट्टान को
दरिया-ए-पानी के घसीटे

और शजर[19] मुस्तैद[20] ऊपर
थे के थीं उनकी जड़ें
कर रही आघात माटी को
कई सालों से नीचे

सर्प-सा सर-सर सरककर
तेज़ फिर धीमे से अजगर
पाँव से चढ़ता शिखा तक
रक्त प्राणी का जकड़कर

करता धीरे-धीरे वो
अपनी गिरह को सख़्त थोड़ा
काट खाया कान फिर
लिपटा गिरेबाँ[21] जा मरोड़ा

---

19. शजर– पेड़
20. मुस्तैद– चुस्त-दुरुस्त
21. गिरेबाँ – गरदन

सब्र कर... फिर वार कर

सब्र कर... फिर वार कर

सब्र कर... फिर वार कर

तोड़ तो दुश्मन को थोड़ा!
ऐसी क्या जल्दी मची है
जाँ गिरेबाँ में फँसी है
दे हुडक्की मार कर
क़ाबू में अपने मन का घोड़ा

देखकर जग दंग है
रण के हज़ारों रंग हैं
मारना-मरना नहीं
बस टिकना भी तो जंग है

हार सोलह बार के
तल्ख़ी[22] तजुर्बों का सबक़
ये वार सत्रह बार
लड़ने का यगाना[23] ढंग है

---

22. तल्ख़ी– कड़वा
23. यागाना– अपने तरह का एक ही (अद्वितीय)

4. यारियाँ

जंग है हाँ जंग है पर जंग आख़िर जंग है
क्यों इरादों के किलिज[24] को छू न पाई ज़ंग है?

क्या था जो उनको चलाता, पग धका आगे डुलाता
टूटने लग जाए जब दिल, सोचकर मिलता दिलासा
फड़फड़ाती हौसलों की लौ लगे बुझने अगर तो
दे जला दीया-सलाई फिर उसे जगमग कराता

वो थी उनकी यारियाँ यादों की गुज़री लारियाँ
जिनमें पले वो साल सोलह जंगलों की क्यारियाँ

हाँ खोया एक परिवार था, जंगल का अत्याचार था
फिर उन बनों ने ही दिया उनको नया परिवार था

'देख तो किन मुश्किलों से हम यहाँ तक आए हैं'
'खो दिया सब कुछ मगर एक-दूसरे को पाए हैं'
'याद भी मुझको नहीं इन रंजिशों की क्या वजह'
'याद हैं हाथों से तेरे जो निवाले खाए हैं'
'याद है वो जंग पहली हार वो कितनी बड़ी थी'
'और पंद्रह बार लड़ने की नहीं हिम्मत कहीं थी'

---

24. किलिज – लड़ाई में इस्तेमाल की जाने वाली एक छोटी तलवार

‘बैठकर कोनों में तन्हा बाल अपने नोचते थे’
‘आज का दिन बीत जाए हम सिसकते सोचते थे’
‘दिन नहीं सालों बिताए थे यूँ ही गिन-गिन के हमने’
‘ख़ुद को दूजे को कभी राजा को अपने कोसते थे’

था बिलखता तेग़ज़न ‘अवतार’ यूँ कि मर ही जाता
सह न पाया हार पहली जाने वो क्या कर ही जाता
मुश्किलों से यारों ने समझाया पगले धीर धर
फिर वार पंद्रह लड़ गया रहता है ख़ुश औरों से ज़्यादा
पीड़ वो न थी बड़ी अब आवरण सब ढल गए थे
खीज थी जिनसे शुरू में यार तगड़े बन गए थे
मार ही लेते जो ख़ुद को गर तो न लगती भनक
ज़िंदगी कितनी बड़ी है जी के कुछ दिन ही वो सीखे

प्यार से एक-दूसरे के रक्त अपना सींचते थे
आँख से आँखों में एक-दूजे की वो दम फूँकते थे
कह रहे हों ‘जीत के माने नहीं मेरे लिए’
‘मैं लड़ूँगा आज डटकर यार बस तेरे लिए’

और था हैरान राजा, ‘किस नमक का स्वाद ये?’
‘अब भी मुझको पूजते हैं साल इतने बाद ये’
‘गर हुआ हासिल मुझे कुछ मैं इन्हीं में बाँट दूँ’
‘हक़ है इनका भी बराबर न हैं मेरे बाद ये’
‘कौन इतना प्यार देता ये भी तो बेटे हैं मेरे’
‘तीन थे खोए मगर हैं एक सौ दस आके घेरे’
‘चेतना वो जग गई है चोट इनकी मैं सहूँगा’
‘और जो कोई गया मर, साथ में मैं भी मरूँगा’

‘और सोलह क्या ही आई मौत तो मेहमान है’
‘एक सौ ग्यारह भी आ जाएँ तो अब न मैं डरूँगा’
‘अब मैं समझा क्यों विधाता ने मुझे ये दिन दिखाया’
‘लूटकर मुझको हृदय में भाव क्यों तज का जगाया!’
‘मैं समझता था के महलों में सही राजा का दर है’
‘पर गँवाकर सब भी मैंने ख़ुद को इक राजा ही पाया’

5. दिलावर

1.

आक्रमण तो बाद है, खेल का एक भाग है
घाव तो अगली कड़ी शुरुआत में तो घात है
डंके से न शंख से न तूर्य से न थाप से
जंग की पहली कड़ी षड्यंत्र वाली रात है

हो मगर या रीछ भारी, जीभ कोई माँसाहारी
देख के करता है वार, छिपना हो फिर रात सारी
पलक झपकी और गया, है मौत तो ऐसे ही आती
पैर ना, न पीठ-शान, झट गिरेबाँ को फँसाती

भट्ट-सुन्न किए देती बिन दिए मौक़ा दुरुस्त
सर्प-सी फुर्ती लिए पक्के शिकारी की दराँती

2.

थी ख़बर पक्की क़िले से
दूर निकलेगा दिलावर
ख़ास दुश्मन का दिलावर
तेग़ज़न तगड़ा दिलावर

जान थी उसमें ग़ज़ब की
शान लश्कर की दिलावर
सूँड से धर हाथियों को
बस में कर लेता दिलावर

जब निकलता दंगलों में
हूह कर जनता उछलती
ये दिलावर, वो दिलावर
पागलों-सी हो मचलती

फाड़ती कातर[25] कनीज़ें[26]
चीख़ती, भर आह रोती
देख ले वो एक नज़र तो
होश खो भरती चिकोटी[27]

दूर मुल्कों में भी उसके
नाम के चर्चे बड़े थे
ख़ुश हो राजा ने दिलावर
नाम के सिक्के गढ़े थे

धोया था जिनको पुराने
वार्षिक दंगल में उसने
अब तलक वो सूरमा
हड्डी तुड़ाए चित पड़े थे

---

25. कातर – कपड़े
26. कनीज़ – दासी/ ग़ुलाम औरत (Sex slave)
27. चिकोटी भरना – चूँटी काटना

पेट भरता रोज़ देकर
एक भैंसे की बली वो
सूरमा पग आठ ऊँचा
तोड़े दुश्मन की नली वो

था मुरीदों[28] के लिए
तमसील-ए-पैग़म्बर[29] दिलावर
कौन दुश्मन से भिड़े फिर
जब तलक ज़िंदा दिलावर

आज बरसी थी पिता की याद में उनकी ही वो
साथ में सैनिक लिए निकला था क़ब्रिस्तान को

था वही मौक़ा यगाना धरने का उस साँड को
दूर एक चट्टान से दाग़े जो शर श्मशान को

एक ही था वीर जिसकी बाँह में था ज़ोर ये
लाँघ इक्कीस कोस करदे बिद्ध उस हैवान को

हाँ कटी थी बाँह एक
याद वो आठवीं तकरार थी
दो भुजाओं का मगर बल
भर चुकी बची पतवार थी
है बहुत उलझा ये खाता
और नहीं आसान भरना

---

28. मुरीद– मानने वाला/ प्रशंसक
29. तमसील-ए-पैग़म्बर– पैगंबर जैसा रुतबा रखने वाला

लाल पुस्तक ज़िंदगी
और मौत के व्यापार की

देर क्या थी फिर मदद साथी की ली और डोर खींची
साँस भर शर साधकर दाग़ा निशाँ इक आँख मीची
कड़ झुका पीछे ज़रा-सी छोड़ दी जकड़ी प्रत्यंचा[30]
गर्जना गूँजी गगन से कौंधकर बिजली-सी बीती

डर भी था चूके अगर तो क्या ही मुँह दिखलाएँगे
मुट्ठी भर हम हैं, हमें वो फाड़ कर खा जाएँगे–

पर गद्दद जाके शर धँसा सीधा 'दिलू' की जाँघ पर
था यही मक़सद अभी हमला नहीं था जान पर

और था तीरों को लीपा एक अनोखे कीटरस[31] में
ख़ून में घुलकर दिलावर को वो रहने दे न बस में
इससे पहले होश सँभले बाक़ियों को भी यही
एक-इक तोहफ़ा दिया औ कर लिया लश्कर को बस में

फिर शस्त्र सब रखे किनारे, रेज़ करके बघनखों को–
एक सौ ग्यारह इकट्ठे रेतने[32] झपटे अदू को

चल रहा दुःस्वप्न[33]-सा कुछ को पता भी न चला
शव से निकला प्रेत कब और कब गिरा कट के गला

---

30. प्रत्यंचा– धनुष की डोर
31. कीटरस– कीड़ों से बनाया गया रसायन
32. रेतना– किसी धारदार वस्तु या हथियार से बेरहमी से काटने की प्रक्रिया
33. दुःस्वप्न– बुरा सपना

फोड़कर आँखें किसी की अँतड़ी को खेंच डाला
चील गिद्धों-सा अदू की छातियों को रेज़ डाला
पीड़ की ठरती गुफा में बर्फ़ से जकड़े बदन को
जो मिला मौक़ा धधकते रक्त तप से सेंक डाला

झटपटाते थे मगरमच्छ देख जबड़ों को बँधे
पर झपट्टा मारकर रह जाते यूँ के यूँ पड़े

कल की ही तो बात थी लबरेज़[34] दौलत में वो थे
था हुकुम जैसे ख़ुदा का जो भी कह देता दिलावर

देखता था चमड़ियाँ इंसान की चाबुक से उधड़ते
'मृत भला महरूम[35] से' ये मानता भी था दिलावर

ढीठ ज़ालिम ने कभी जाना नहीं था क्या रहम
लेट पैरों में रहम की भीख को मरता दिलावर

बात थी अफ़सोस की वो मौत कुत्ते की मरा
हद थी! ख़ुद को हयवदन[36] हैवान कहता था दिलावर

3.

मुल्क में दहशत मची किसको भला अनुमान था
कांड वहशी है ये किसका सोच जग हैरान था

---

34. लबरेज़ – भरा हुआ
35. महरूम – कमज़ोर/ वंचित
36. हयवदन – एक पौराणिक जीव जिसका शरीर घोड़े का और सिर इंसान का होता है

शव परे पहचान, न साबुत बचा इंसान–
माँस के बस लोथड़े, दानवी नखों का प्रमाण

और पैरों के निशाँ देखे किसी दानव के जैसे
'कैफ़ियत[37] मक़तल[38] की अब मालिक को हम समझाएँ कैसे'

सोचकर जासूस दल ने दी यही चेतावनी–
'वो कोई नरभेड़िया है, वो नहीं इंसान था'

हाँ नहीं इंसान था, सच ही कहाँ इंसान था!
पर यही मनवाना भी था, वो नहीं इंसान था

जाने अरसों बाद फिर एक रोशनी-सी छाई थी
एक सौ ग्यारह को उस दिन साँस भरकर आई थी
हाँ यही तो चाल थी, पहली कड़ी थी जंग की
वार सत्रह बार की काली ध्वजा लहराई थी

---

37. कैफ़ियत– मानसिक हालत
38. मक़तल– युद्धस्थल

6. शाहराह

करता नहीं है शोर इतना जीतकर भी खेल को
खेल से पहले ही दिल में जीतकर बैठा हो जो
हाँ नुमाइश में नहीं रखते हैं बाज़ीगर यक़ीन
फिर वो चाहे जीत के पहले हो या फिर बाद हो

जीत पहले मन में आती, धीरता चेहरे पे छाती
झूठी है वो जीत जो दुनिया में बस ऊँचा बनाती
और सच्ची जीत वो, जिसमें भले दुनिया न पूछे
पार कर आगे बढ़ें हम पर हमारी ही लकीरें

बस यही जीवन है, सच्ची जीत का फल जानो तो
ख़ुद बनाओ मंज़िलें, टपते रहो पैमानों को
दो चुनौती ख़ुद को पहले से ज़ियादा आँकती
औ भिड़ो ख़ुद से, यही शाहराह[39] है पहचानो तो

देर न शुभ काम में, न मशवरा, न बात हो
हो अडिग विश्वास गर तो तुम से ही शुरुआत हो
हो दुआ रब से यही कि तू मेरी ताक़त बढ़ा
झुरमुटे जीवन का रस्ता न भले नाबाद[40] हो

---

39. शाहराह– राजा के चलने का रास्ता
40. नाबाद– जो आख़िरी तक चलता रहे और ख़त्म न हो

7. ताश के घर

खेल में पत्ते बिछे थे, हर तरह के शूर के
सर बनेंगे या कटेंगे, पान बेगम हूर के

या ग़ुलामों में ही आपस में झड़प हो जाएगी
चार रंगों में बँटे थे पहले ही सब टूट के

और पिस न पाए जो गड्डी से बाहर रह गए
क्या पता हक़दार थे, जोकर जिन्हें सब कह गए

काटकर पीसा था गड्डी को अदब से बीच से
फिर हुआ क्या, तुर्प के पत्ते क्यों नीचे रह गए

जंग के सैलाब में दहलों ने दिल दहला दिया
और जो आगे लड़े वो सबसे पहले बह गए

दुक्कियों की तिक्कियों की यूँ तो क्या औक़ात थी
पर वही अंजाम तक गड्डी में बाक़ी रह गए

थे वही कारिंदे जिनने जंग आख़िर तक लड़ी
सूरमा सब लड़ मरे, कमज़ोर ज़िंदा रह गए

ईंट से ईंटें बजीं, क्या भूल कर बैठी चिड़ी
पान भर मुँह में ग़लत माने हुकुम के कह गए

था क़िला मज़बूत यूँ मुँह ताकता था ज़लज़ला[41]
साज़िशों में पर हमारे ताश के घर डह गए

41. ज़लज़ला– भूकंप

8. निकम्मों की फ़ौज

किसका फिर पाकीज़ा[42] इतना मुल्क में ईमान था
कम या ज़्यादा हो मगर हर शख़्स का कुछ दाम था

इस तरह मिलती रहीं ख़बरें अदू के तख़्त की
कौन निकला किसलिए और किसको किससे काम था

फिर लड़ी-सी लग गई आता रहा नरभेड़िया
ख़ास शागिर्दों[43] को चुन खाता रहा नरभेड़िया

ख़ौफ़ जंगल का नहीं पहले कभी गहमाया इतना–
जितना भीतर बन में उतना मन में भी नरभेड़िया

भेजी जातीं टोलियाँ पर बन में वो अंदर न जाते
कहते कोई न मिला, मारे वो डर के लौट आते

क्या ग़लत थे कर रहे जो वो थे सहकारी नहीं
कौन था ऐसा कि जिसको जान थी प्यारी नहीं

---

42. पाकीज़ा– पवित्र
43. शागिर्द– दुश्मन का चेला, शिष्य

और ऐश की आदत निकम्मी, काम की नीयत अठन्नी
ताश, कश, शतरंज, दारू लत नहीं इनकी है छुटनी

मख़मली गद्दों पे सोए, जो कभी तन्हा न होए
क्या ही समझे ज़िंदगी को, वो कभी खुल के न रोए

हाँ वही एक राजा है जिसने कई लड़ाई देखी
हर्ष के पर्वत भी छुए पीड़ की खाई भी देखी

देखी जग की वेदना, संताप सीखा झेलना
ग्लानि-भावों को तजा, दिल में हो कोई खेद ना

अंध तम गलियों से गुज़रा आँख न कोहराई पर
की बहुत-सी ग़लतियाँ भी, हाँ नहीं दोहराई पर

आँकड़ा बावन का बच्चों की समझ से पार है
साज़िशों की सैफ़ है ये सोच की पुलवार[44] है

हर किसी के बस की न हैं झेलनी ये आतिशें
खेल दीवानों का है ये वार सत्रह बार है

---

44. पुलवार – एक प्रकार की नाव

9. लतीफ़े

नींद रातों की उड़ी थी अश्किया दरबार में
बन के रस्ते बंद, घाटा हो रहा व्यापार में

ख़ास बैठक थी बुलाई, राजा मंत्री और सिपाही
मिल करें इक फ़ैसला नरभेड़िये के विचार में–

'आठ सौ पंद्रह सिपाही खा चुका नरभेड़िया'
सर पकड़ गुर्राया दुश्मन, 'मैंने इसका क्या लिया!'

'आम लोगों को भी क्यों खाता नहीं बदजात है'
'राज़ है कोई छिपा करनी ये तहक़ीक़ात है'

'कर रहा आघात मेरी शान पर नरभेड़िया–
अब तो लतीफ़ों में भी है राजा बनाम नरभेड़िया'

'ये पढ़ो राजा की चड्डी ले गया नरभेड़िया
इस चित्र में खींचे मेरी पतलून है नरभेड़िया'

'राज घर से दूध की चोरी हुई, नरभेड़िया'
'बेगमें हैं पेट से, नरभेड़िया! नरभेड़िया!'

थी खिसकती जा रही उसकी ज़मीं पैरों के नीचे
लोगों को समझा नहीं, समझा नहीं जग के तरीक़े

सच उन्हें परवाह न थी कोई हारे कोई जीते
जब तलक पकवान में मिलते रहें उनको लतीफ़े

नीम कड़वे पीठ पीछे, सामने से बनते मीठे
बेतली के भाँड उन पर राज करते बस लतीफ़े

सच बड़ा मायूस वो ख़बरों में भी सुनते लतीफ़े
भूलते करके बहस, सब भूलते जैसे लतीफ़े

बस लतीफ़ों की ये दुनिया आईना समाज का
इक लतीफ़ों की तलब बस खोखला जन आज का

क्यों करे परवाह फिर कोई इस अधम समाज की
क्या ही मिलता औ किसी को बनके नायक आज का

कौन करता याद उनको जो लड़े इनके लिए
ऐसों का राजा बनें क्या लोभ क्या फिर ताज का

पर फ़िकर दुश्मन को उसकी धौंस छुटती जा रही
राजा होकर भी उसे राजा-सी सुध न आ रही

एक वो मुफ़लिस जिसे राजा बनाया क़ुर्बतों[45] ने
जब लगी मायूस हर-सू[46] ज़िंदगी दी तुर्बतों[47] ने

और एक राजा है जो सुलगा है अपने रश्क[48] में
है क़बा[49] सोने की पर बू मुफ़्लिसी की आ रही

45. क़ुर्बत– नज़दीकी
46. हर-सू– सभी दिशाएँ, चारों ओर
47. तुर्बत– क़ब्र, ताबूत
48. रश्क– ईर्ष्या, जलन
49. क़बा– एक तरह का पहनावा

10. कड़वा सच

रंक हो अय्याश हो या हो कोई राजा बड़ा
मौत के है बाद क्या, बस माँस का एक लोथड़ा

फिर अगर बचता है कुछ तो नाम ही बस शेष है
वो भी सदियों बाद मलबों में दबा अवशेष है

फिर जिए इंसान क्यों?
जग में करे पहचान क्यों?

हो ज़रा अभिमान क्यों?
औ मिल्कियत[50] की शान क्यों?

धन ही करे धनवान क्यों?
चोटिल करे अपमान क्यों?

हो वृद्ध का सम्मान क्यों?
बच्चे हुए नादान क्यों?

हैं लोग करते दान क्यों?
होते हैं क़ब्रिस्तान क्यों?

---

50. मिल्कियत– किसी चीज़ का मालिक होना

परमात्मा का ध्यान क्यों?
सबसे बड़ा भगवान क्यों?

सब निरा पाखंड, सच तो ये, ख़ुशी वो खोजता
होता ख़ुश ख़ुद को वो औरों से बड़ा जब सोचता

और भूले से कभी दिख जाए तो नर पाएगा
अनजाने ही है झूठ की परतें हज़ारों ओढ़ता

फिर जिए इंसान बस अपने लिए तो क्या ग़लत
और जीना हो भी दूजे के लिए तो जिए बेशक

पर रखे वो ध्यान ये माँगे नहीं हिसाब वो
हाँ भरे तब ही की जब ना सुनने की औक़ात हो

11. दस्तक

रक्तबीजासुर, असुर, ठग्गी अहम् के भूत हैं
फ़र्क़ करना है कठिन इसके हज़ारों रूप हैं

है यही नरभेड़िया, नरभेड़िये की खाल में
खोजता जिसको मनुज जंगल के मायाजाल में

पर नहीं मिलता वो जब तक झील वो ठहरी मिले
देख पाए झाँककर चेहरा वो अपना ताल में

खोज में उसकी उन्होंने दे उजाड़े गाँव थे
हाँ अगर मिलता था कुछ तो चिह्न उसके पाँव के

ढूँढ़ के लाना था उसको अब किसी भी हाल में
मुल्क के आधे सिपाही थे इसी जंजाल में

शाम होने को थी आई, हारकर थककर सिपाही
टूट सोचा रात को बन में रुकें आराम से

एक जत्था सोएगा औ दूजा रक्खेगा नज़र
इस तरह नरभेड़िये की भी उन्हें होगी ख़बर

इस तरफ़ दरबार में भी सो रहा आलमपनाह[51]
था अँधेरा और रातों से ज़रा ज़्यादा घना

इक अनोखी साँय-सी हलचल फ़िज़ा में छाई थी
तूफ़ाँ से पहले की हवा गुंबद को छू के आई थी

औ धक्क-सी आहट हुई आलमपनाह के तख़्त पर
तिलमिला के वो उठा नरभेड़िये के स्वप्न पर

सामने था ज़र्द पीला काँपता क़ासिद[52] खड़ा
टूट उसकी टाँट पर गुंबद था जैसे आ गिरा

पूछा उससे बात क्या, 'तेरी हवा क्यों सख़्त है?'
'रात आधी हो चुकी है ये भी कोई वक़्त है?'

'सो रहा था मैं कनीज़ें साथ में हैं सो रहीं'
'घुस गया पूछे बिना, हिलाया मेरा तख़्त है'

'माफ़ी हो' उसने कहा, 'मैं नहीं गुस्ताख़ हूँ'
'वार सत्रह बार गिन लो फिर वही कम्बख़्त है'

'तख़्त के पाए पे उसने तीर दाग़े तीन हैं'
'राज घर में घुस चुका है मामला संगीन है'

'ये भी कोई बात है! किस कीट की ये जात है'
बादशाह गुर्राया, 'कैसी डीठ की औक़ात है?'

---

51. आलमपनाह– दुश्मन को ही व्यंग्य में संबोधन
52. क़ासिद– संदेश लाने वाला डाकिया

फ़रमा दिया, 'उसको पकड़कर पैर उसके तोड़ दो'
'भाग के जाने न पाए झील का पुल तोड़ दो'

'मार देना रौंदकर हो बंद गंदा खेल अब'
'बाँध के उसको नली से तोप की, बम फोड़ दो'

फिर कहा क़ासिद ने, 'मालिक देर अब तो हो चुकी'
'थी बची सेना यहाँ सब ढेर अब तो हो चुकी'

'आप सोए थे, वहाँ शाही ख़ज़ाना लुट गया'
'कर रिहा सारे ग़ुलामों को कमीना फुट गया'

'इससे पहले हम समझते उसके अगले दाँव को-
बारूद के घर में जली मशाल लेकर घुस गया'

'आग में झुलसा दिए, हथियार सारे जला दिए-
सो रहे कर बंद कमरे, जवान ज़िंदा जला दिए'

'आप क्या फ़रमाएँगे ओ मेरे मालिक ओ वली'
'आप से पहले ही उसने झील का पुल तोड़ डाला'
'पीठ पर अंगार धर बैलों को खुल्ला छोड़ डाला'

'और ख़बर ग़मगीन है मालिक ज़रा रखना सबर'
'कुछ चुनिंदा फ़ौजियों का वो किया उसने हशर'

'फ़ौलाद की सिल्ली पटक पिचका दिया माथा वली!'
'आपके शागिर्दों-भाइयों का सर फोड़ डाला'

ख़ून-सा जमने लगा दुश्मन की बिगड़ी कैफ़ियत
और बाहर क्या क़हर बरपा हुआ पूछो ही मत

था नहीं ज़िंदा बचा कोई कि जिसका ख़ौफ़ हो
काँप जाए नाम से दुश्मन कुछ ऐसी धौंस हो

और जो बाक़ी हुनरमंद थे, गधे बस ढो रहे
जब ज़रूरत थी, तभी जंगल में लेटे सो रहे

सुन्न से हो सुन रहे थे बात सारी बादशाह
बात पल्ले अब पड़ी कि हो गया है हादसा

पूछा क़ासिद ने, 'पढ़ूँ क्या, जो हुकुम सरकार है?'
'तीर में लिपटा हुआ देखो ज़रा एक तार है'

'हाँ पढ़ो क्या है कहा इसने मुझे इस बार है'
सुन हुकुम क़ासिद खड़ा ले लाल इश्तेहार है-

'ख़ून से खुरचा है कुछ तो, हर्फ़[53] ज़ुल्फ़िकार[54] है,'
'तीन लफ़्ज़ों का रिसाला[55] वार सत्रह बार है'

---

53. हर्फ़- अक्षर
54. ज़ुल्फ़िकार- घुमावदार
55. रिसाला- पत्र-पत्रिका

12. बुनियाद

क्या हुआ ये कब हुआ कैसे हुआ किसको ख़बर
जंगलों से कौन-सा रास्ता निकलता था इधर
तीन पग चौड़ी, अठहत्तर हाथ की दीवार थी
औ क़िले को घेरती गहरी नदी उस पार थी

जो भरी साँपों-मगरमच्छों से ऊपर तक लबालब–
लाँघकर आना उसे तो मौत को ललकार थी
औ क़िले को घेरकर बुर्जों पे जो तैनात थे
सात दिन आठों पहर गिद्धों-से फ़ौजी झाँकते

जो चला दें तीर मिलकर ढाँक दें सूरज की लाली
नोच दें बादल की झोली, आसमाँ को कर दें ख़ाली–
और खुल्ले घूमते थे शेर-गीदड़ पालतू
भूख से भड़के निशाचर रात-दिन फुँफकारते–

'इस सभी के बाद ओ क़ासिद मुझे समझाओ तुम'
'किस तरह अंदर घुसा वो, राज़ ये बतलाओ तुम'
'क्या ये उल्का पिंड है जो आसमाँ से आ गिरा'
'या फटा ज्वालामुखी धरती का सीना फाड़ के'

साँस भर सोचा ज़रा, क़ासिद ने समझा खेल पर
एक-दो दिन की नहीं सालों की साज़िश थी उधर–

'आप समझे हार वो बैठा हुआ ख़ामोश था
अब नहीं उसमें बचा पहले के जितना रोष था'

'कर रहा था खोज पर बाज़ार में वो उस सहर'
'बनके पागल वो ही तो था बैठता मज़ार पर'
'आ गया फिर से भगोड़ा, क्यों उसे ज़िंदा था छोड़ा–
थी अकल मारी गई, उसका वहीं क्यों सर न फोड़ा'

'अब लो भुगतो, जब सियासत इस तरह पछताई है'
'मानकर कमज़ोर जिसकी जान बख़्शती आई है'

'है खड़ा छाती पे सबकी घुस वही दरबार में'
'कर दिया हमला वली नरभेड़िये की आड़ में'

'आप थे ग़ुरूर में बुर्जों[56] को ऊँचा देखकर'
'देख न पाए कभी नीचे महल की सेज पर'
'क्या करेंगे बुर्ज ऊँचे जब क़यामत आई है'
'नींव है ख़ाली वली, सुरंग नीचे पाई है'

'बुर्ज तो फिर भी इमारत है फ़क़त, फिर बन ही जाते'
'हैं महज़ पुर्ज़े महल के, टूटकर फिर जुड़ भी जाते'

'हाय पर बुनियाद तो वो नक़्श है मेरे वली'
'चोट जिस पर दे हिला पूरा महल अपनी जगह से'

---

56. बुर्ज– मीनार, गुंबद

13. सुरंगें

जब नहीं दिखता कोई समझो नहीं, 'वो है नहीं'
रास्ते ऐसे भी हैं जिनका पता सबको नहीं

है नज़र दुनिया की ज़ालिम बचके इनसे नीचे-नीचे
कुछ निकल जाते बिछाकर हैं सुरंगों के गलीचे

हाँ सुरंगें हैं ये मन की, रास्ते सबको न दिखते
पर कवि' दिन-रात यूँ ही छिपके दुनिया से हैं लिखते

या सुरों की इंद्रधनुषी सात रंगों की सुरंगें
पार करते जब मुग़न्नी[57] राग के दीपक में बलते

बंद कर कमरों में ख़ुद को भाव पीड़ा में डुबाते
'या अभिनेता कभी नेपथ्य[58] से उस पार जाते

छिप करें तैयार ख़ुद को मंच पर आने से पहले
हर तरह के रंगकर्मी इन सुरंगों की वजह से

---

57. मुग़न्नी– गायक

58. नेपथ्य– मंच के पीछे का हिस्सा जिसे कलाकार चलते नाटक में एक ओर से दूसरी ओर जाने के लिए इस्तेमाल करते हैं (backstage)

या बढ़ाते ज्ञान का सागर विदुर जन खोज करते
खो सुरंगों में कहीं आगे के युग का शोध करते

गूढ़ काले औ भयावर अंतरिक्षी सत्य दर्पण
पर जला निर्भीक[59] पावक[60] साहसी इनमें उतरते

चौ पहर का भेद न जाने, सुरंगें रात जगती
आँख मूँदो या न मूँदो, एक ही-सी बात लगती

बिच्छुओं सर्पों का भय दे हर बखत है राह ठगती
भूख से मरता मनुज और फाड़कर जी प्यास लगती

निर्दयी कंकाल-सी ख़ाली भयानक खोखली
चीख़ भी मारो तो उल्टी गूँज मारे ओखली

और झपकी आँख, या भूले चले किस ओर से?
लो मरे! कि एक-सी है राह दोनों ओर की

न दिखाता राह कोई सूर्य कोई चंद्रमा
न ही तारों की बिछौनी न ही सर पर आसमाँ

जितना गहरा उतरो होती और गहरी–

---

59. निर्भीक– निडर
60. पावक– अग्नि

और गहरी...

और गहरी...

और गहरी...

और गहरी...

और गहरी...

और अँधियारा घना...

चाहे न चाहे विवश लेकिन मनुज को कर ही देती
झाँककर देखे वो अंतर में कहीं जलती हो ज्योति

और सुना था मन की भी होती हैं दो आँखें निराली
देखकर उनसे भी जानें, बात सच थी या कि झूठी

घुप-घनी सुनसान, कोई बात करने को न होता
पर यही वो ध्यान स्थल जिसमें मनुज अंतर में खोता

है यही वो बुद्ध की नज़रें अगर पड़ जाएँ तो
मन का व्याकुल दस्यु[61] अँगुलीमाल[62] अंतर्धान होता

यातना दायक नरक लेकिन सुरंगें हैं वही
योनियाँ जो जन्म देतीं कल्प[63] परिवर्तन का द्योता[64]

खोद डाली थीं सुरंगें
दो सौ इक्कीस हाथ ने
जंगलों की गर्त से
निकली जो सीधा बाग़ में
ठीक पीछे राज घर के
तीन सौ गज़ पार करके
मौत का व्यापार करके

---

61. दस्यु– डाकू
62. अँगुलीमाल– पौराणिक कहानियों में एक हिंसक डाकू जिसे भगवान बुद्ध ने मुक्ति दिलाई
63. कल्प– कई युगों से मिलकर बनने वाले समय की इकाई
64. द्योता– बेड़ा उठाने वाला

फावड़ों से वार करके
बाज़ुएँ तैयार करके
और ज़मीं को ज़ार करके
सैफ़-ओ-तरवार भरके
रेज़ अपनी धार करके
'बार सोलह' हार करके

एक सौ ग्यारह सलामत
फाड़कर निकले ज़मीं को
और भरकर आसमाँ बाँहों में
लाए रोशनी को
फिर इरादों के मुताबिक़
अपनी-अपनी ली जगह
खोखला करने अदू दरबार
दीमक की तरह

14. शहादत

गर अंदाज़ लगा पाता इंसाँ आने वाले पल का
बात ही क्या थी फिर तो ! सब कुछ पहले से तय हो जाता–

जंग से पहले ही हो जाती बात लाज़मी क्या होगा
क्या लड़ना फिर खेल ख़त्म लो हारे हम और तुम राजा

यही खेल है क़ुदरत का पर खेल में है इक खेल बसा
चल रहा जो प्यादे बिसात पर ख़ुद बिसात पर यहाँ खड़ा

मानो न मानो है चलता और ही कोई हम सबको
असल खिलाड़ी खेल ही है यहाँ खेल ही सबको खेल रहा

हाँ पहुँचे मुश्किलों मगर अब भी था कुछ दूरी पर घर
छिपकर भेद रहा कोई, लड़ रहा था कोई आगे अड़
मस्त मलंगों की मस्ती बेख़ौफ़ सभी अंजामों से
झूम रहे थे एक सौ ग्यारह जैसे दीवाने औघड़

होती चिंता अगर इरादे कर देता कोई टस से मस
कमी कोशिशों में होती या सुबहें सोकर काटीं बस
या मुस्तक़बिल[65] के डर से बैठे रहते सब एक जगह
डोर वक़्त की बेमतलब की चिंता में कट जाती बस

65. मुस्तक़बिल– भविष्य

आँख से आँसू फूटे सबकी शूरवीर 'अवतार' गया
चीर के सीना आठ इंच का ख़ंजर सीना पार गया
क्या जुनून था क्या जानें हँस रहा था वो ख़ंजर सेकर
जीत हुई हो जैसे उसकी और सारा जग हार गया

हैरतन! दुश्मन तो ऊपर सो रहा था ज़िंदा अब भी
रश्क नहीं था आँखों में 'अवतार' सिपाही के तब भी
नहीं दाँव पे रख सब वो क्या बदला लेने आया था-
या यही तिलिस्मी बूटी थी जिसको वो चखने आया था

कह रहा हो 'गर नहीं मिला फूलों का दामन तो क्या ग़म'
'लो गुलशन-ए-मारका[66] अपने ख़ून से ही गुलज़ार किया'
'या मिल गया वो रस्ता अनजाना जंगल से बाहर का'
'बिन गिरे बिना भटके देखो मैंने रस्ता पार किया'

बदक़िस्मत हैं सोचते हैं जो, 'क्या है मिलता वीरों को?'
बकने वाले बकें शहादत सुने नहीं तक़रीरों[67] को
है ये उनका खेल जिन्हें है जीत का असली भेद पता
और पता तस्कीन[68] फ़क़त[69] क्यों मिलती रही फ़क़ीरों को

कटते हैं प्यादे अपने भी जंग कोई आसान नहीं
चिंगारी का काम जलाना, पूछे न पहचान कहीं
न देखे बालक-बूढ़ा, ये जला के सब कुछ ख़ाक करे
बेरहम है क़ुदरत, सच इसमें दया-प्रेम का भान नहीं

---

66. गुलशन-ए-मारका– जंग का मैदान जिसकी बग़ीचे से तुलना की गई है
67. तक़रीर– वक्तव्य, भाषण
68. तस्कीन– तसल्ली/ संतोष
69. फ़क़त– केवल/ सिर्फ़

हाँ सच है और ऐसे सच से बेहतर इंसाँ दूर रहे
जिए धधक के प्यार करे कम सोचे मद में चूर रहे
जितनी मिले ज़िंदगी जिए साँसों को भरकर भीतर
और वक़्त आए, लेने जब मौत, उसे मंज़ूर रहे

दाँव आख़िरी करता है फ़ैसला कि जीता कौन यहाँ
मरना तो है ही लेकिन किस तरह मरे अनमोल यहाँ
मरे 'हाय मरे' करते-करते या जीना साकार किया–
डट लड़े निपट आख़िरी साँस तक, वार सत्रह बार किया

15. तिलिस्मी परिंदा

चटखे अलाव अदू दरबार के, छाया घनघोर अँधेरा
जैसे अनहोनी का परचम लिए साये ने किसी आ घेरा

दूर श्मशानों से मनहूस इक कूह सुनाई देती थी
सामने दीवार पर आले में परछाईं दिखाई देती थी

आँख पथराई थी उस साये की टुक-टुक देखता था वो
किसी शेर-सा देखकर शिकार आँखें अपनी सेकता था वो

बड़ी दूर से आया था पहचान भी बड़ी पुरानी थी
क़िस्सा था सदियों पुराना जैसे किसी राजा की कहानी थी

एक राजा है
एक राजा है

याद आया क़िस्सा वही
रूबरू हर मिसरा वही
हूबहू हर हिस्सा वही

वही सोलह बार की लड़ाई
वही मक़तल, वही कसाई

वही बेसूरी[70] क़िस्मत का फेरा
वही डूबता सूरज, गुम होता सवेरा

वही दास्तान-ए-जुदाई
हर तिफ़्ल[71] को ज़बानी याद थी
हाँ मगर ज़िंदा था वो
बाक़ी थी कड़ी उसके बाद की

वो मरा नहीं तो वो कहाँ गया
बड़े बूढ़ों से बच्चे पूछते थे
वो फिर क्यों नहीं आया भला
सवाल कानों में उनकी गूँजते थे

उन्हीं सवालों का जवाब
देने वो आया था आज ज़िंदा
बार सोलह ख़ाक हुआ
ख़ाक से जन्मा तिलिस्मी परिंदा

वो सत्रह बार लड़ने आया था
वो सत्रह बार लड़ने आया था
वो सत्रह बार लड़ने आया था

कायनात खड़ी ताकती थी उसको
जिन्न ख़िदमत में खड़े जन्नतें सब छोड़ झाँकती थीं उसको

---

70. बेसूरी– दुर्भाग्यपूर्ण
71. तिफ़्ल– बच्चा

वो राजा था कहकशाँओं[72] का या कोई अलबेला कहानीकार था
जिन्नों की ख़िदमत नहीं उसे तो बस एक मिसरे का इंतज़ार था

वो मिसरा जो जोड़कर कड़ी पूरी कर दे एक राजा की कहानी
मार दे या जिला दे एक बार, धुले ख़ून में सनी उसकी पेशानी

पूरा किया कड़ी को उसने दुश्मन के आगे राज़ खोला
डालकर आँखों में आँखें, हार सोलह बार बोला–

'मानकर कमज़ोर जिसकी खोल दी थीं बेड़ियाँ'
'मैं ही वो महरूम हूँ जो बनता है नरभेड़िया'

'हूँ वही राजा ज़रा पहचान अपने यार को'
'दर्ज कर अपनी रगों में वार सत्रह बार को'

ख़ून की छींटे उड़ी बलती उफनती अर्श पर
और हाथ कट के दाहिना लरज़ा अदू का फ़र्श पर

चीख़ निकली रूँदती, तड़पा अदू कराहकर
दर्द से ताल्लुक़ हुआ उसका भी आख़िर हारकर

72. कहकशाँ– अनगिनत तारों का समूह (Galaxy)

16. आख़िरी सौग़ात

गिड़गिड़ाता था रहम की भीख को मरता अदू
'कुछ तो कह दूँ आज अपनी मौत से कैसे बचूँ'

बिलबिलाते तर्ज़ में उसने कहा, 'ओ बेरहम!
याद कर बख़्शा था तुझको मैंने भी खा के रहम'

'बख़्श मेरी जान गर सच ही बड़ी सरकार है'
'काम कर राजाओं-सा गर राजा-सा किरदार है'

बात थी गहरी ज़रा सोचा, अदब से बात की
एक राजा ने अदू को आख़िरी सौग़ात दी–

'हाँ यक़ीनन याद हैं वो भीख तेरे वो रहम'
'शौक़ तेरा, खेल तेरे, जो किए मैंने सहन'

'तू बचाता था मुझे कमज़ोर मुझको मानकर'
'दर्द में कितना हूँ मैं राहत जुटाता जानकर'

'खेल था तेरा ये प्यारा क्यों मुझे तू मारता'
'मैं नहीं रहता तो तुझसे कौन इतना हारता'

‘क्या कसर थी बाक़ी, बाक़ी मौत उसके बाद थी’
‘लाज लूटी कितनी, कितनी ज़िंदगी बर्बाद की’
‘चाबुकों की चीस दे, दे ख़ूब खेला खेल तू’
‘एक बस मेरी भी ले, ले चोट खा फ़ौलाद की’

‘मार भी देता, अगर था कोई ग़म मुझको नहीं’
‘गिड़गिड़ाए जान की ख़ातिर वो राजा है नहीं’
‘फ़र्क़ अब तू जान, हीरे में खरे और काँच में’
‘राजा के पिंदार से बढ़कर जहाँ में कुछ नहीं’

‘हाँ हुई थी हार पर बस हार ही हो क्यों वजह’
‘क्यो हज़ारों जान जाएँ दुश्मनी कर बेवजह’

‘टेक पर मेरी जो थी पर चीज़ कुछ अनमोल थी’
‘न मिले वो माँगकर न ही कहीं से मोल की’
‘शान न जाए भले मुँह देख लूँ श्मशान का’
‘मैं लड़ा जिसके लिए वो सिर्फ़’ स्वाभिमान था’

है यही क़ानून जंगल का इसे स्वीकार कर
मौत ही है आख़िरी सौग़ात सत्रह वार कर

17. वार सत्रह बार

शक्तियों का ह्रास कर है संतुलन सुधारता
अंत है, मगर नया आरंभ भी तो वार है
लड़ रहे हैं सब यहाँ सभी की कुछ है वेदना
चल रहा अंतर्गगन में वार सत्रह बार है

जब मनुज के लोभ की हों उड़ रहीं अनारियाँ
शांत कर उसे पुनः धरा पे धरता वार है

तार कर परत अहम् की कामना को छानता
छन रहा अंतर्गगन को वार सत्रह बार है

शत्रुता है वार सम तो प्रेम क्या है कम कहीं
जान ली अनेक इसने क्यों न कह दें वार है
मथ के मन को द्वेष के भँवर से प्रेम टोहता
मथ रहा अंतर्गगन को वार सत्रह बार है

वार का विरोध करती हों अहिंसा नीतियाँ
नीतियाँ स्वरक्षा की व इक तरह से वार हैं
किस तरह के वार का वरण हो कौन-सी जगह?
वर रहा अंतर्गगन में वार सत्रह बार है

आँकता क़ुर्बानियाँ ये अर्थ है अंजील[73] का
सोहता वैराग्य मन में भागवत का सार है
तर्क से या आस्था से जिस तरह से आँक लो
आँकता अंतर्गगन को वार सत्रह बार है

जन रहे वसुंधरा व वरुण-वारि-वह्नि-व्योम[74]
सृष्टि के अगणित अणु जो कर रहे प्रहार हैं
हो रही रचना-सृजन-दमन[75] स्वयं सब एक संग
चल रहा बाहर गगन में वार सत्रह बार है

---

73. अंजील– बाइबल (Bible)
74. वसुंधरा व वरुण-वारि-वह्नि-व्योम– पंचतत्व (धरती, वायु, पानी,आग, आकाश)
75. रचना-सृजन-दमन– किसी जीव की उत्पत्ति से लेकर मृत्यु तक का चक्र

राजा पच्चीसी

राजा पच्चीसी

कई वर्षों की तानाशाही ने दुनिया को क्या दिया है, इसी का निचोड़ है 'राजा पच्चीसी'। राजा चले गए, पर उनकी छाप अनगिनत तरीक़ों से आज भी हमारे बीच मौजूद है। दुर्भाग्य है कि वो राजा हारकर भी नहीं हारा, मरकर भी नहीं मरा।

1.

है बड़ी दुविधा कि हर राजा को ये आराम है
तब्सिरा-तन्क़ीद[76] से बेख़ौफ़ शाही-निज़ाम[77] है

और नाफ़रमान को मिलनी सज़ा-ए-मौत है-
सुकरात या गैलीलियो सबका यही अंजाम है

2.

तर्क की या अर्थ की सब व्यर्थ की फिर बात है
वक़्त बस उसका है जिसके आज राजा साथ है

---

76. तब्सिरा-तन्क़ीद– व्याख्यान व आलोचना
77. शाही-निज़ाम– राजा का क़ानून

रीतियाँ राजा है रचता, नीतियाँ राजा पलटता
शाह करता है ये तय, क्या पुण्य है, क्या पाप है

3.

जो विरोधी टिक गए सहकर सिमटकर रह गए
या बली राजाओं के षड्यंत्र उनको गह गए

वक़्त की आँधी, हुकूमत के मज़ालिम[78] जब चले
छू दिया जिसको इन्होंने टूटकर वो ढह गए

4.

खा गई है भूख साहस, जब मिलीं न रोटियाँ
सबसे पहले शिष्ट[79] ही पलटा पड़ीं जब सोटियाँ

पीड़ और अपमान सह जीना नहीं आसान है
न ही भरना कर असंगत[80] काट अपनी बोटियाँ

5.

'कर्म का फल इस जन्म का भोग' उलझी बात है
अर्धशत का राज औरंगज़ेब का कुछ याद है?

तीन पीढ़ी राज करके क्या बचाया शाह ने?
ज़ोर-रिश्वत और छल से कर गया आघात है

---

78. मज़ालिम– अत्याचार, यातनाएँ
79. शिष्ट– सभ्य / सीधा
80. असंगत– अनुचित

6.

शोक में है विश्व अब तक एक ग़लती के लिए
एक हिटलर ही बहुत था एक धरती के लिए

अनगिनत मासूम खा के भूख न मिटी प्रांत की
दो अणु विस्फोट ने रण की लहर थी शांत की

7.

क्यों नहीं माने प्रजा हर बात चंड अशोक की
शांति पथ तो बाद था पहले तो उसकी टोक थी

क्या पता वो ख़ौफ़ था या धर्म नव कि पुकार थी
किसने युद्ध कलिंग के पीछे उसे ललकार दी

8.

पहले धर्मों को बिगाड़ा फिर उन्हें थोपा गया
जाने किस-किस तरह से इंसान को रोका गया

भाई रूढ़िवादी अपने व्यर्थ ही बदनाम हैं
खेल धर्मों के बनाए शाह का ही काम है

9.

है वही राजा सुरक्षित जिसकी सेना मूढ़ है
जो न पूछे प्रश्न केवल वो ही सैनिक शूर है

फ़िक्र की है बात गर लग जाए सैनिक सोचने
अनसुना कर हुक्म को राजा को उल्टा टोकने

10.

है निज़ाम-ए-शाह ऐसे सैनिकों को रोक दो
क़त्ल, रिश्वत, या तरक़्क़ी दे के ताला ठोक दो

जब भी राजा और सैनिक में हुआ मतभेद है
सभ्यता गोचर[81] है रंजिश[82] का यही संकेत है

11.

शाह है डरपोक उसको वीर सैनिक चाहिए
युक्ति है आसान पुस्तक धर्म की फिर लाइए

या कोई नव धर्म लिखकर लोक में बँटवाइए
उसमें राजा के भले की बात कुछ छपवाइए

12.

धर्म पोथी से उठा ही शाह का फ़रमान हो
अब न कोई बात हो जिससे उसे नुक़सान हो

नर जुड़ा भगवान से नर से उजागर धर्म है
जब कोई सैनिक बने उसको नया भगवान दो

---

81. गोचर– देखा गया / इंद्रियों द्वारा जाना गया
82. रंजिश– बैर

13.

ज़ीना-ए-जन्नत[83] जेहादत[84] दिल में उसके तार दो
सूरमा[85] गर हो बनाना मौत का डर मार दो

दो सबक़ उसको वफ़ादारी का ऐसा काटता
काम दो कोई कि सीधा आत्मा पर वार हो

14.

भूख से भड़के किसी दानव-सा उसमें रोष हो
मर-मिटे शाही इशारे पर ये दिल में जोश हो

इस तरह का इस तरह फिर आदमी को डोज़ दो
बिन बताए ही निरत तालीम उसकी रोज़ हो

15.

है न ताज्जुब इस जहाँ के तिफ़्ल हैं बम फोड़ते
आदमी इंसानियत की सब हदों को तोड़ते

दोष क्या तल्मीज़[86] का तालीम जब नापाक है
गुलशन-ए-अतफ़ाल[87] अपने ख़ार[88] से ही चाक है

---

83. ज़ीना-ए-जन्नत– स्वर्ग की सीढ़ी
84. जेहादत– धर्म/ सिद्धांतों के लिए जान देना
85. सूरमा– ताक़तवर
86. तल्मीज़– विद्वान
87. गुलशन-ए-अतफ़ाल– बच्चों का बाग़ीचा
88. ख़ार– काँटा

16.

आस्था, धर्मों की बातें शाह कुछ न मानता
सल्तनत कैसे बड़ी हो बस यही वो जानता

है नहीं आसान उसके दिल में क्या है जानना
शाह को है एक केवल शाह ही पहचानता

17.

फाड़ के पन्ने क़ुरान-ओ-बाइबल-ओ-गीता धरो
हर तरह के काम से बस शाह को संबल करो

अनगिनत राजा हुए और ग्रंथ कट-छँट-फट रहे
खोज में फिर धर्म पथ के हम उन्हीं को रट रहे

18.

है हक़ीक़त तल्ख़ ये कि ग्रंथ सब बकवास हैं
नाम पर वो धर्म के बस धर्म का उपहास हैं

पूजने लायक़ जो था वो धर्म कब का लुट गया
सभ्यता में दूर पीछे ही कहीं वो छुट गया

19.

पर पढ़ाना धर्म उल्टा राजनीतिक घात है
ढूँढता मज़हब में मतलब नीच राजा जात है

औ किसी राजा ने ही तो थी बनाईं जातियाँ
बाँटकर लोगों को आपस में भिड़ाईं छातियाँ

20.

चर्चा की वाल्मीकि ने शबरी की अपने काम में
श्रेष्ठ युग में भी रहे सब जाति-अंतर सामने

जाति-वर्ण औ लिंग से तुलना किसी को पाप है
ये न पाया जान आदम, ये युगों का शाप है

21.

गर प्रजा प्रतिबिंब[89], राजा दर्प मानस चेतना
पाप का अपने ही फल है फिर प्रजा की वेदना

हाय कलपे[90] शूद्र की या थी अभागिन नार की
पल-झपक लूटे शहर ज़ालिम ने ऐसी मार की

22.

क्यों पतन न हो भला ऐसे किसी साम्राज्य का
जिसने जाना जलना ही है फल सती के भाग्य का

बल है आभूषण नरों का और राजा बल से है
ऐसे राजा को भला क्या नार के आँचल से है

---

89. प्रतिबिंब– प्रतीक/छाया
90. कलपा– दुखी

23.

नार तो एक चीज़ ही बनके रही हर धर्म में
मुँह ढके घूँघट चुनर बुरके में छिपकर शर्म में

जीत में व्यापार में तोहफ़े में दी सौग़ात बस
आँख में पानी भरे, संतान ढोए गर्भ में

24.

गर कहीं है जल रही दुनिया अभी तक आग से
देखना ये है किसी राजा के ज़ालिम भाग से

दीन[91] को जिसने बिगाड़ा आप के मतलब सधे
और डसकर साँप निकला दूर आदम-बाग़ से

25.

भूल बैठे आज हैं उसको भले सारे मगर
ज़ुल्म की चिंगारियाँ उठती हैं अब भी खार[92] से

वो ठठाकर हँस रहा था आख़िरी दम खेंचकर
सभ्यता है पस्त[93] उसके हास की हुँकार से

91. दीन– मज़हब, संस्कार
92. खार– राख
93. पस्त– हारा हुआ, धराशायी